Début d'une série de documents
en couleur

JOURNAL

D'ITALIE ET DE SUISSE

(1789)

PAR Mme LA COMTESSE

DIANE DE POLIGNAC

PARIS

AUX BUREAUX DE L'AMATEUR D'AUTOGRAPHES

3, Rue de Furstenberg, 3

VENDOME

IMPRIMERIE F. EMPAYTAZ

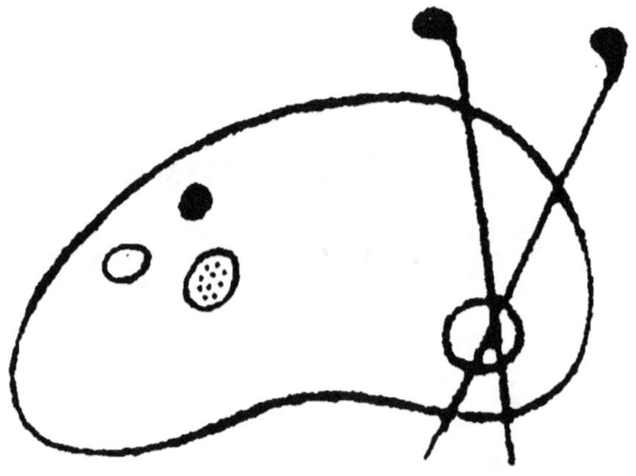

Fin d'une série de documents
en couleur

JOURNAL D'ITALIE ET DE SUISSE

(1789)

JOURNAL

D'ITALIE ET DE SUISSE

(1789)

PAR Mme LA COMTESSE

DIANE DE POLIGNAC

PARIS

AUX BUREAUX DE L'AMATEUR D'AUTOGRAPHES

3, Rue de Furstenberg, 3

JOURNAL

D'ITALIE ET DE SUISSE

(1789)

Le récit que nous publions ci-dessous contient d'intéressants renseignements sur le départ de Versailles, le 16 juillet 1789, et sur les débuts de l'émigration de la famille de Polignac.

Il est entièrement autographe, et se compose, de deux cahiers ; il appartient à la belle collection d'autographes formée par M. G. La Caille, qui a bien voulu en offrir la primeur aux abonnés de *l'Amateur d'autographes*. Nous lui offrons ici l'expression bien sincère de notre vive gratitude.

Le nom de la comtesse Diane de Polignac est connu de tout le monde, mais sa biographie ne se trouve nulle part. Avant de donner le récit de cette noble dame nous croyons nécessaire de rassembler, en quelques lignes, le peu de renseignements que nous avons pu recueillir sur elle. Ses parents étaient : Armand XVII, marquis de Polignac (1), colonel du régiment *Dauphin-Cavalerie*, neveu du célèbre cardinal Melchior de Polignac, et Diane-Adelaïde-Zéphirine de Mancini.

De ce mariage naquirent sept enfants : cinq garçons et deux filles.

---

(1) DE ROUJOUX : *Précis historique sur la maison de Polignac* ; Paris, 1830, in-8. Malgré son titre ce livre manque de précision et d'exactitude.

1° Jules, comte, puis duc de Polignac (1), né le 9 juin 1745, mort à Saint-Pétersbourg le 10 septembre 1817.

2° Un chartreux défroqué (2), qui épousa sa servante.

3° Camille-Louis-Apollinaire, évêque de Meaux de 1779 à 1790. Après le Concordat, il vécut retiré à Paris.

4° Héraclius.

5° Louis.

6° Diane, née le 14 octobre 1746, m. en Russie, après 1818.

7° Betzi, née le 12 août 1748, mariée à un gentilhomme de la chambre, nommé Sabakine (3).

Diane de Polignac fut attachée, peu de temps après la mort de Louis XV, à la maison de la comtesse d'Artois et plus tard elle devint première dame d'honneur de Madame Elisabeth (4). Elle gouvernait un peu la cour. Ses contemporains s'accordent à dire qu'elle était aussi laide, méchante et spirituelle que sa belle-sœur était jolie. Elle était chanoinesse et fut titrée comtesse en 1777.

C'est en venant voir Diane de Polignac à la cour que la comtesse Jules fut remarquée par la reine. On sait quelle brillante carrière il y fit.

La famille Polignac fut une des premières à émigrer, sur les instances du roi et de la reine. Après des voyages en Italie et en Autriche, le duc Jules, deux de ses frères, Héraclius et Louis probablement, la comtesse Diane et Betzi de Sabakine, se fixèrent en Russie. Jules y mourut en 1817; ses frères et ses sœurs lui survécurent (5). La comtessse Diane eut du marquis

(1) Il épousa le 7 juillet 1767, Yolande de Polastron, la célèbre amie de Marie-Antoinette. Elle avait alors dix-sept ans. La duchesse Yolande de Polignac, née en 1749, mourut à Vienne le 9 décembre 1793.

(2) *Dictionnaire de la Conversation*, art. Polignac. Pour constituer cette liste nous avons utilisé le *Dictionnaire de la Conversation* et le *Précis*. Le *Précis* ne donne que deux garçons, Jules et Philippe (?), né le 14 janvier 1747, et deux filles, Diane et Betzi.

(3) Le prince Jules adressa, de la prison de Ham, le 14 novembre 1832, une lettre à Madame Betsy de Sabakine (cat. Trémont, du 16 février 1853).

(4) *Mémoires sur la vie et le caractère de la duchesse de Polignac*, par la comtesse Diane de Polignac, p. 5 et 51.

(5) Le duc de Polignac était chargé d'assurer l'existence de dix-huit personnes avec une pension de 425 livres sterling. Savoir : Le comte ou marquis de Polignac, son père et les

d'Autichamp, un fils nommé le marquis de Villerot, lequel prit du service en Russie, devint colonel du régiment de Préobajenski et fut tué à la bataille d'Austerlitz (1) le 2 décembre 1805.

Là s'arrêtent les renseignements que nous avons pu recueillir sur Diane de Polignac (2). Elle parait avoir eu beaucoup d'attachement pour sa belle-sœur et, pour défendre sa mémoire, elle composa une petite plaquette éditée chez Fauche, à Hambourg, en 1796, qui a pour titre : *Mémoires sur la vie et le caractère de Madame la duchesse de Polignac avec des anecdotes intéressantes sur la Révolution française et sur la personne de Marie-Antoinette, reine de France*, in-8, de 52 pages.

Cette publication (3), dont le titre est alléchant, est d'une lec-

---

trois enfants issus du second lit ; le duc Jules, ses quatre enfants, sa belle-fille, son gendre (duc de Guiche) et les trois enfants du duc de Guiche ; la comtesse Diane et son fils Villerot, madame de Noiseville et le comte de Vaudreuil. (V. L. Pingaud, *Correspondance de Vaudreuil et du comte d'Artois*, t. II, p. 199.)

(1) V. Feuillet de Conches : *Louis XVI, Marie-Antoinette et Madame Elisabeth*, t. III, p. 318-319, et L. Pingaud : *Correspondance intime du comte de Vaudreuil et du comte d'Artois*, t. I, p. 379, t. II, p. 199.

(2) Voici une lettre adressée, évidemment de Russie, par Diane de Polignac, à l'ambassadeur de France, Antonin-Claude-Dominique-Juste, comte de Noailles :

« Comme on m'assure, Monsieur l'ambassadeur, que votre départ est décidé et sera effectué dans peu de tems, j'ai l'honneur de vous adresser encore une lettre que je vous prie de remettre vous même au duc de Richelieu. Elle en contient une pour le Roi, à cachet volant, dont je le prie de prendre lecture avant de la mettre sous les yeux de Sa Majesté. Je prie aussi le duc de seconder mes neveux dans les démarches qu'ils font pour rentrer en possession de la terre de Fenestrange. Il m'est d'autant plus nécessaire de voir terminer promptement cette affaire que j'en obtiendrai les moyens de remplir les dernières volontés de mon infortuné frère. Les dettes surpassent beaucoup la somme qu'il m'a laissée. Soyez assez bon, Monsieur l'Ambassadeur, pour joindre vos sollicitations aux miennes auprès du duc. Elles me seront d'un grand secours. Je compte toujours partir (dans) les premiers jours de mai à moins que ma tante bien plus faible qu'à votre départ ne le devienne encore plus. Recevez mes vœux pour votre bonheur et croyez que la reconnaissance que je vous dois ne peut s'éteindre dans mon cœur. Adieu, Monsieur l'Ambassadeur. Pensez quelquefois à celle que vous laissez bien malheureuse et qui ne peut jamais cesser de l'être.

« C^sse Diane de Polignac.

« J'espère que vous avez reçu le dernier paquet avec une lettre de Louis pour Armand que j'ai eu l'honneur de vous envoyer. Cette lettre est d'autant plus importante qu'elle contient un billet de deux cent mille francs que mon frère avait prêtés au comte de Vaudreuil.

« Ce 27 février 1818. »

Cette lettre fait partie du cabinet de M. Noël Charavay.

(3) Une autre édition fut donnée presque en même temps à Paris, dans le format in-12. Le titre varie un peu : *Mémoires de Madame la duchesse de Polignac avec des particularités sur sa liaison avec Marie-Antoinette, reine de France*, par la comtesse Diane de Polignac ;

ture assez fade. Elle prouve l'attachement de Diane de Polignac pour sa belle-sœur et contient quelques détails, peu curieux, sur les relations de Marie-Antoinette et de sa favorite. Le livre se termine par le récit de la mort de la duchesse Jules, dont la fin fut hâtée par la douleur qu'elle ressentit en apprenant les morts successives du roi et de la reine.

Les *Mémoires sur la vie et le caractère de Madame de Polignac* ne font pas double emploi avec le *Journal d'Italie et de Suisse* qui retrace plus particulièrement les événements de la fuite et les débuts de l'émigration. Les deux relations se complètent l'une par l'autre.

La nôtre a été composée par la comtesse Diane pour son amie la comtesse de Sabran (1), qui épousa en secondes noces le chevalier de Boufflers. Cette aimable femme, la plus jolie personne de son temps, dit la biographie Rabbe, avait des talents en musique et en poésie. On lui attribue ce joli impromptu.

> Pourquoi l'amour est-il donc le poison
> Et l'amitié le charme de la vie ?
> C'est que l'amour est fils de la folie
> Et l'amitié fille de la raison.

Maintenant laissons parler la comtesse Diane de Polignac.

* * *

PREMIÈRE LETTRE

Il est bien difficile d'écrire le journal de ses voyages d'une manière claire, précise et surtout agréable, lorsqu'on a l'âme plongée dans la plus profonde tristesse, il semble que l'on n'aperçoit les objets qui se présentent à la vue qu'à travers un voile, on n'y découvre aucune variété,

Paris, an V de l'ère française 108 p. Ces deux ouvrages, dont le premier est rarissime, nous ont été obligeamment prêtés par M. Otto Friedrichs, l'érudit bien connu par ses recherches sur la survivance de Louis XVII.

(1) SABRAN (Eléonore-Françoise de MANDEVILLE, comtesse de), n. 1750, m. 1827. Elle avait épousé un officier de marine qui se signala devant Gibraltar en 1756. Elle avait 50 ans de moins que son mari. Elle devint veuve en 1776. C'est à ce moment que le chevalier de Boufflers s'éprit d'elle. Il partit au Sénégal, en qualité de gouverneur en 1785. Il revint en congé au bout de six mois et il épousa la comtesse de Sabran. Madame de Sabran est la mère du comte Elzéar de Sabran.

aucune différence, tout parait uniforme ; une seule idée occupe et partout on la voit.

Il ne faut pas moins que vos instances réitérées, ma chère comtesse, et le désir extrême que j'aurai toujours de faire tout ce qui peut vous plaire, pour me déterminer à écrire mes voyages ; je les ai commencés à l'époque la plus douloureuse de ma vie, celle où tant d'événements se sont succédés avec une si prodigieuse rapidité qu'un mois semblait une année ; je vais me rappeler des moments affreux, de ces moments que tout le courage et la philosophie ne pourraient faire supporter longtemps. L'effroi en est passé, mais la douleur est restée dans mon âme et ce sentiment pénible y demeurera jusqu'au moment où justice nous sera rendue, ce temps est encore bien éloigné.

Indulgence, chère comtesse, pour le style de votre amie, pardonnez-lui les écarts, les négligences ; ceci n'est point un ouvrage. Je vous peindrai peut-être plus les sentiments dont mon âme sera émue que les impressions dont mon esprit sera frappé par les différents objets qui vont se présenter à ma vue. Heureux celui qui disait : Plus j'ai voyagé, plus j'aimai ma patrie ; pour moi, je suis tentée de dire : rien ne me plait dans ce vaste univers.

Je vais donc, ma chère comtesse, vous parler un peu des événements antécédents à mes voyages et qui les ont déterminés. Je remonterai au commencement de l'assemblée des États-Généraux. Vous savez quelle a été, à cette époque, la conduite de mes parents, la mienne. J'ai passé tous les premiers temps dans ma retraite chérie. Je m'éloignais le plus possible d'un monde dont les opinions différaient tant des miennes que je me croyais souvent dans un autre pays, un autre siècle ; tout était changé, les mots n'avaient plus la même signification, mais dans ce changement, personne n'était d'accord, et cet opposition de sentiments faisait présager de grands troubles. Mon frère et ma sœur ne pouvaient se dispenser de tenir un grand état, leur position et leurs charges le leur commandaient.

Ils donnaient à manger aux députés et la manière simple et franche que vous leur connaissez leur eût bientôt acquis l'estime de toute cette bonne noblesse, de cette noblesse qui, sortant de sa province, ne possédant aucune grâce du souverain, soutenait son autorité, sa couronne, malgré les menaces qui lui étaient faites journellement.

Vous savez quels ont été les débats de l'assemblée et sa conduite jusqu'au lundi six juillet, jour de votre départ. Vous n'ignoriez pas en partant que l'opinion de M. le Cte d'Artois était de ne rien changer à l'ancienne constitution, et que son vœu particulier était de soutenir les intérêts de son frère, de son roi, contre des innovations préjudiciables à lui, au royaume et à tous les individus qui le composent. A cette époque la fermentation était déjà dans un degré effrayant. L'argent, répandu avec profusion, faisait abandonner aux soldats leur drapeau, aux femmes leur pudeur et leur douceur, encourageait de vils écrivains à faire des libelles calomniateurs, incendiaires. On voyait se former des attroupements où les plus noirs complots étaient publiquement proposés et dont l'exécution était regardée comme l'acte le plus utile à la patrie.

On crut qu'il était temps enfin d'arrêter ces désordres, le roi fit approcher des troupes, en donna le commandement au maréchal de Broglie (1) ; le quartier général fut établi à Versailles, mais déjà on ne pouvait plus compter sur les troupes, les régiments étaient séduits avant d'arriver, on envoyait au devant d'eux des filles et de l'argent, les seuls régiments étrangers sont restés fidèles. Le 12, il y eut une fusillade assez considérable dans la place de Louis Quinze, on avait fait marcher les hussards d'Esterhazy et le régiment *Royal-allemand*, ces deux troupes se conduisirent très bien. Elles parvinrent à dissiper le tumulte malgré les coups de fusil qu'elles reçurent des gardes françaises, ivres des dons qu'on leur répandait avec profusion pour leur faire abandonner tous les devoirs les plus sacrés. Le maréchal fit établir des postes autour de Versailles pour arrêter les entreprises des brigands payés. La ville de Paris fit demander de se composer une garde bourgeoise et le Roi l'accorda. M. de La Fayette en fut nommé général, mais il fallait avoir des armes pour cette nouvelle garde, et le 14, sans attendre la permission du Roi, les Invalides furent forcés et 26 mille fusils y furent pris. Il fallait bien faire l'essai de ces nouvelles troupes, aussi pour leur début on leur fit faire le siège de la Bastille. Mais la plume se refuse à tracer de pareilles horreurs ; la Bastille fut emportée d'assaut, le gouverneur (2) et un autre officier furent pendus pour le seul crime d'être restés fidèles à leur Roi.

Le prévôt des marchands (3) éprouva le même sort. Il m'est bien difficile de vous peindre Versailles pendant les deux jours que j'y suis restée depuis la prise des Invalides, ce n'est pas que ce tableau soit effacé de ma mémoire, il y restera gravé à jamais. Le trouble et l'inquiétude régnaient dans toutes les âmes, chaque minute augmentait l'effroi et l'horreur de la position générale, surtout de la nôtre. Nous recevions des avis fréquents que nous courrions les plus grands risques ; l'argent fait tout puisqu'il a persuadé qu'une famille d'honnêtes gens, reconnu pour tels depuis quinze ans, méritait la mort.

Le Palais-Royal, où l'enfer avait sans doute envoyé ses suppôts, était le

---

(1) Broglie (Victor-François, duc de), n. 1718, m. 1804.

(2) Launey (Bernard-René Jourdan de), né 1740, massacré le 14 juillet 1789, en arrivant à l'Hôtel de Ville. Presque en même temps, le peuple mis à mort : M. de Losme, major de la Bastille ; l'aide-major Miray, un officier et deux soldats invalides. (Flammermont. *La Journée du 14 juillet*, p. CCXXXIX, note 1.)

(3) Flesselles (Jacques de), prévôt de Paris depuis le 21 avril 1789.

lieu privilégié où se rassemblait tous les monstres qui ont détruit notre malheureuse patrie ; là, dans leurs assemblées, ils débitaient toutes les calomnies, les mensonges et les absurdités nécessaires pour plaire et aveugler la populace ; là, ils osèrent mettre à prix la tête du frère de leur Roi, ils n'oublièrent pas celles de toute ma famille, on en voulait à la Reine, il ne fallait donc pas laisser près d'elle des gens qui lui étaient entièrement dévoués et qui ne lui cacheraient jamais la vérité, qui veilleraient de près à ses intérêts et tâcheraient de découvrir les complots qui se formeraient contre elle afin d'y parer. De tels gens, dont la loyauté est bien connue, embarrassent beaucoup les malveillants, il fallut donc s'en défaire au plus vite. On fabrique une fable grossière avec quelques écus ; on la fait bientôt répandre et circuler parmi la plus vile populace, qui la prend pour une vérité. On lui dit que cette famille a voulu détruire Paris, Versailles, les États-Généraux, peut-être toute la France, que sais-je, il n'en aurait pas coûté davantage. Aussitôt les jours de tous ces honnêtes gens sont proscrits. Ma sœur cependant se refusait à toutes nos sollicitations, nous désirions l'emmener d'un lieu dangereux pour sa vie, elle croyait de son devoir de mourir auprès de sa bienfaitrice et de l'auguste dépôt qu'elle lui avait confié. Sa Conscience pure et tranquille l'empêchait d'avoir la moindre crainte, mais elle ignorait que la populace énivrée n'a plus de frein et qu'il lui faut des victimes et du sang.

Mon frère la détermina à venir avec lui chez la Reine, ils lui rendirent compte de tout ce qui se disait, lui proposèrent de s'éloigner n'ignorant pas qu'ils servaient de prétexte à toutes les horreurs qui se disaient de Sa Majesté. Au mot de s'éloigner la Reine fondit en larmes, le Roi entra et Sa Majesté lui dit : Ils veulent s'en aller. Alors le Roi pressant la main de ma sœur lui dit : Tous les honnêtes gens veulent donc nous abandonner ? — Non, Sire, répondit mon frère, ordonnez et nous restons, si vous nous croyez utiles à vos personnes. Vous connaissez le fond de nos cœurs, notre reconnaissance et notre fidélité, parlez, rien ne nous effraiera. Si vous saviez ce qu'il nous en coûte de vous quitter ! Le motif qui nous détermine est l'intérêt de la Reine et non pas le nôtre.

Attendez encore, dit la Reine, je serai instruite des dangers que vous pourrez courir et je vous avertirai. Le 15, la ville de Paris fit demander au Roi de renvoyer ses troupes, ce qui fut accordé, et Paris n'en fut pas plus calme ; le 16, nouvelle demande de cette ville, qui désirait que le Roi vint à Paris. C'était, disait-on, l'amour de son souverain qui l'engageait à former cette demande. Elle ne fut point refusée. Etait-il encore temps ? Je le crois. A huit heures du soir de ce jour la Reine supplia mon frère et ma sœur de partir au plus vite et sous le plus grand secret (1). Départ, lui

---

(1) Ce récit prouve que l'initiative du départ fut prise par le duc et par la duchesse de Polignac ; la Reine ne fixa que le moment opportun.

dit-elle, affreux pour vous et pour nous, mais nécessaire pour tous. Le Roi va demain à Paris (1). Elle ne put pas en dire davantage, les larmes la suffoquèrent. Mes malheureux parents se retirèrent pénétrés de ses bontés et de leur douleur.

De mon côté j'avais passé une journée cruelle. Madame Elisabeth m'avait envoyé chercher plusieurs fois pour me charger d'aller parler de sa part à M. le C¹ᵉ d'Artois et tâcher de le déterminer à partir. Elle connaissait mieux que personne tous les dangers que ce prince aimable pouvait courir dans la journée du 17. Tout ce qui lui était attaché se réunit pour l'engager à s'éloigner; enfin il y consentit. Il fut en parler au Roi qui approuva cette démarche et j'allai en rendre compte à ma vertueuse princesse. Cet éloignement si nécessaire et si désiré en même temps, si douloureux à son cœur, lui fit éprouver un saisissement assez long et qui n'eut de terme que par l'abondance de ses larmes.

Je la laissai plus tranquille et je revins à minuit prendre les derniers ordres; que le souvenir de ce moment est encore douloureux à mon cœur, cette charmante princesse que ses vertus doivent faire adorer me dit les choses les plus touchantes pour moi et les miens. J'étais au désespoir de la quitter dans la position affreuse où je la laissais. Enfin, après m'avoir tendrement embrassée je partis mouillée de ses larmes et toute entortillée de coiffes. Prenant les détours les plus obscurs, comme un criminel qui cherche à dérober sa marche, j'allai me jeter dans la voiture de mes malheureux parents.

Trouvez bon, ma chère comtesse, que je repose un moment mes idées. J'en ai besoin, le tableau que je viens de vous faire se retrace à mes yeux d'une manière si terrible que je n'ai plus la faculté de penser. Il ne me reste que celle de sentir, et c'est d'une manière bien douloureuse.

DEUXIÈME LETTRE

J'en suis restée ma chère comtesse au moment où je montais en voiture avec mon frère, ma sœur et ma nièce (2), cette dernière venait d'accoucher et c'était sa première sortie. Nous partions sous le nom d'un négociant de Bâle, nom que le Roi nous avait donné lui-même en signant notre passeport, nous avions trois hommes avec nous; un à cheval et deux sur le siège. Point de femmes de chambre; chacune deux chemises et quelques

(1) Le roi vint à Paris le 17 juillet.

(2) La duchesse de Guiche accoucha, à Versailles, le 7 juin 1789, d'un garçon qui fut Antoine-Geneviève-Héraclius-Agénor, duc de Guiche, puis duc de Gramont, mort à Paris, en 1855. Il fut le père du duc de Gramont, ministre des Affaires Étrangères, qui déclara la guerre de 1870.

mouchoirs. Point d'autre vêtement que celui que nous avions sur le corps. Nous prîmes la route de Suisse ; M. le comte d'Artois et M. le prince de Condé ayant pris celle de Bruxelles.

A Moret, un postillon me reconnut, me demanda pour boire, ce que je lui donnai au plus vite. J'ai su depuis que ce bon homme, ayant su que la Reine était inquiète de nous, avait été à Versailles lui dire qu'il nous avait conduit à Moret en bonne santé. A Sens, la garde bourgeoise nous arrêta avant d'entrer dans la ville. La sentinelle, avec un air très digne, nous demanda des nouvelles, nous dîmes que le Roi allait à Paris confirmer ce qu'il avait promis la veille à l'Assemblée. Il demanda si les ministres étaient renvoyés ; nous dîmes que oui. C'est bon, reprit-il, le Roi ne prendra donc plus conseil que de son peuple. Après cette réflexion il nous laissa passer. Sur la place de la ville nous fûmes arrêtés de nouveau par un grand nombre de personnes, des soldats de différents régiments. On nous fit les mêmes questions et nous fîmes les mêmes réponses. Pendant ce petit dialogue je vis arriver du bout de la place, en courant, un dragon, le sabre à la main. Cette politesse, si c'en était une, ne me plaisait guère. Je regardais sa figure, qui était si gaie que je ne le soupçonnais plus de mauvais desseins. En m'adressant à lui je l'engageais à crier : *Vive le Roi*, en reconnaissance des bonnes nouvelles que nous apportions.

Aussitôt tous les chapeaux furent en l'air et nous partîmes aux cris redoublés de : vive le Roi. J'avoue que je fus fort aise de me trouver hors de la ville, je croyais être quitte de mes inquiétudes, au moins pour le moment, mais pendant que l'on attelait nos chevaux, j'entendis le tambour ; je crus à un ressouvenir peu favorable. Au contraire, dans l'excès de leur joie, ils reconduisaient notre courrier, tambour battant, drapeaux déployés. A la porte, il fut embrassé de toute la troupe.

Ce dérangement dans toutes les têtes, cette effervescence qui régnait déjà loin de la capitale, nous déterminèrent à traverser la France sans nous arrêter, pas même pour manger. Nous avions pris du pain et du vin ce qu'il en fallait pour nous soutenir trois jours et trois nuits, temps que devait durer notre course. Dans la plupart des villes nous entendions des cris contre la noblesse. On venait gratter la peinture qui était sur les armes de la voiture pour tâcher de les reconnaître. Oh, ma chère comtesse, quel affreux voyage. Que trois jours et trois nuits paraissent longs à ceux dont l'âme est tourmentée d'aussi vives inquiétudes.

Si, par excès de lassitude, le sommeil s'emparait un moment de mes sens, ce repos, si nécessaire, était une fatigue de plus ; la terreur et l'effroi l'accompagnaient. J'aimais encore mieux me livrer à mes pénibles pensées ; quelles étaient douloureuses ! Fuir sa patrie, ses amis, fuir pour éviter la mort des criminels ; deux heures plus tard nous la subissions cette mort infâme réservée pour les scélérats, non, on ne peut se faire une idée juste de cette horrible position. Le calme de la conscience donne bien du courage ; je crois que c'est lui seul qui nous a soutenu. Etant donc partie à une heure après minuit nous sommes arrivés à deux heures après-midi le dimanche à Porentrui en très bonne santé. Quelle joie nous eûmes de nous trouver en sûreté ! Un bon repas, un mauvais lit, qui nous parût excellent, nous firent oublier, quelques moments, le danger que nous venions de courir. A notre réveil toutes nos peines se retracèrent vivement à nos yeux, nous étions en sûreté, il est vrai, mais mon neveu (1) était resté à la troupe à Rambouillet. Que deviendrait-il ? M. le comte d'Artois était-il arrivé en lieu sûr ? Madame de Chalons, à laquelle nous n'avions pu dire adieu, n'allait-elle pas courir des dangers dans sa terre ? D'autres personnes encore, dont le sort m'intéressait vivement, je les avais laissées dans des positions très inquiétantes et quelles difficultés pour en savoir des nouᴸvelles. Quelle augmentation de peine ! Enfin de quelque côté que je voulusse porter ma vue rien ne pouvait la reposer d'une manière satisfaisante, le présent était affreux et l'avenir incalculable. J'étais comme ces malheureux passagers, qui, sur un vaisseau battu par la tempête, n'aperçoivent jamais le rivage.

TROISIÈME LETTRE

En arrivant à notre auberge de Porentrui quelques personnes, toujours curieuses de savoir quels sont les étrangers qui passent, vinrent tourner autour de la voiture ; les armes étaient presqu'entièrement cachées, cela augmenta la curiosité. On questionna nos gens, qui répondirent que nous étions des négociants. Cela ne fut pas cru ; le peuple s'attroupa. Un homme alla chercher de l'eau-forte pour ôter la peinture qui cachait les armes, on reconnut celles de France. Aussitôt la nouvelle se répand que c'est la Reine et c'est avec une peine extrême que nous sommes parvenus à détruire cette erreur. Nous continuâmes donc notre route vers Bâle et nous arrivâmes le lendemain. Quel fut notre étonnement d'apprendre que M. Necker y était arrivé la veille avec son gendre, le baron de Staël. Nous ne doutâmes pas qu'il n'eut reçu le courrier qui lui annonçait son rappel et qu'il ne dût partir le lendemain pour retourner à Paris, mais par quel hasard avait-il pris cette route ? Ma sœur écrivit sur le champ à la Reine pour la tirer d'inquiétude sur notre sort. Elle envoya la lettre à M. Necker en le priant de vouloir bien s'en charger. Ce message l'étonna si fort qu'il envoya son gendre pour en savoir l'explication. Le courrier ne l'avait pu joindre ; il ignorait son rappel, notre fuite et toutes les horreurs qui s'étaient déjà passées. Il fit demander de venir

____

(1) GRAMONT (Antoine-Louis-Marie de), duc de Guiche, né à Paris, le 17 août 1755, mort à Paris, le 28 août 1836. Il était, en 1789, capitaine aux gardes du corps.

lui-même et passa plus d'une heure avec mon frère et ma sœur. Je ne
voulus point rester à cette conversation. Je n'aime pas à me trouver avec
les gens que je mésestime. Il pria mes parents de lui raconter tout ce qui
s'était passé et parut consterné de tout ce qu'il entendait. Je crois que
dans le fond de son âme il jouissait et qu'il était déjà bien décidé à
reprendre une place qu'il n'avait quittée qu'à regret. Mais il joua vis-à-
vis de ceux qui l'écoutaient, l'embarras, l'indécision, et alla même jusqu'à
leur demander conseil ; ce qu'ils ne donnèrent pas comme vous pouvez
croire ; ils étaient trop sages.

Le lendemain arrivèrent la lettre de rappel, la femme et la fille du plus
orgueilleux de tous les hommes, et le surlendemain ils reprirent tous
ensemble le chemin d'un pays qu'ils ont mis à deux doigts de sa perte et
qui, peut-être, ne s'en relèvera jamais.

Comme nous étions partis sans linge et sans habits, nous fûmes dans
l'obligation de nous en pourvoir. Le hasard me conduisit pour faire ces
achats dans la boutique d'un gros négociant dont le nom ne sortira jamais
de ma mémoire et qui s'est acquis les plus grands droits à ma reconnaissance. Cet honnête homme, qui s'appelle Mérian, savait et mon nom et mes
malheurs. Son âme sensible en avait été touchée ; il chercha tous les
moyens de me dire des choses consolantes, me fit mille offres de service.
Il vint chez moi plusieurs fois pendant notre séjour à Bâle ; il connut notre
inquiétude de ne point recevoir des nouvelles et nous proposa de faire
adresser lettres et paquets sous son enveloppe. Il fit plus. Il me pria
d'accepter une lettre de crédit de cinq cents louis, persuadé que nous
devions avoir très peu d'argent. Il est bien des gens qui se disent amis
et qui n'en feraient pas tant. Trois jours après notre arrivée nous reçûmes
un courrier de M. le comte d'Artois. Il était à Namur en bonne santé, ainsi
que tout ce qui l'avait accompagné. Ce fut pour nous le premier sentiment
doux que nous éprouvions après celui d'avoir échappé nous mêmes aux
dangers. Peu de jours après arriva la nouvelle de la fin tragique de
MM. Foullon et Bertier (1) et celle de toutes les horreurs qui se commet-
taient dans différentes provinces. Les malheureux gentilshommes franc-
comtois arrivèrent en foule à Bâle avec leurs femmes et leurs enfants, trop
heureux d'avoir échappé à la fureur du peuple qui portait le fer et le feu
dans tous les châteaux. Oh ! que les chefs qui égarent la multitude sont

(1) FOULLON (Joseph-François), conseiller d'Etat, chargé, avec son gendre Bertier de
Sauvigny, de l'approvisionnement de l'armée réunie autour de Paris. Dès les premiers
troubles il se cacha, mais découvert dans sa terre de Viry, il fut ramené à Paris, le 22 juillet
et massacré le même jour.

BERTIER DE SAUVIGNY (Louis), intendant de la généralité de Paris. Il fut arrêté à Com-
piègne et ramené à Paris le 22 juillet. Il fut massacré le même jour et au même endroit que
son beau-père Foullon.

coupables. Il n'y a point de punitions assez fortes qu'ils ne méritent et toute mon inquiétude est de ne point voir arriver cet heureux jour pour ceux qui ont bouleversé le plus beau pays de la terre, qui, d'un peuple doux et soumis, aimable, bienfaisant, industrieux, valeureux, plein d'honneur, en a fait, en un moment, un peuple féroce et barbare. Il n'a pas même d'énergie dans le crime, sans volonté, sans projet, sans ambition, il n'est que lâche et vil. Pardon, sans m'apercevoir, je m'égare de mon propre sujet. Cette faute, si c'en est une, m'arrivera souvent dans le cours de ce journal ; revenons donc à Bâle. Après y être restés dix jours, avoir reçu mille politesses et prévenances de la part de tous les habitants, nous en partîmes pour aller passer vingt-quatre heures chez le chevalier de Roll, auprès de Soleure ; ce bon, digne et loyal ami nous reçut avec cette joie franche qui fait tant de bien à l'âme. Son habitation est simple et commode, dans une position charmante. On y jouit de la vue d'un vallon très riche, arrosé par la belle rivière de l'Aar. Les points de vue y sont très variés par la quantité de petits hameaux qui meublent les montagnes qui entourent ce vallon. Nous quittâmes ce séjour tranquille pour aller à Berne et chercher dans les environs une campagne pour y passer l'été. Nous n'avions cependant aucune nouvelles de nos femmes, il y avait quinze jours qu'elles étaient parties. Nous en étions fort inquiètes lorsque nous reçumes une lettre du bon Mérian nous annonçant leur arrivée à Strasbourg et les démarches qu'il faisait pour faire passer nos effets. Cette nouvelle nous fit grand plaisir ; elle fut suivie d'un bonheur bien vif et bien senti, ce fut l'arrivée d'Armand (1). C'était encore un objet de notre intérêt échappé aux horreurs dont on nous avaient menacés, jugez de notre joie. Oh ! ma chère comtesse, il faut avoir éprouvé de grands malheurs pour sentir aussi vivement les jouissances ; il semble que l'âme soit ouverte de toutes parts à toutes les impresions, mais celle que le sentiment fait éprouver se répand dans toute l'existence d'une manière délicieuse.

Deuxième Cahier

PREMIÈRE LETTRE

Nous voilà donc, ma chère comtesse, établis en Suisse, à la campagne, dans une assez jolie maison, des bois de sapins dont la tige noble et le feuillage triste porte l'âme à des pensées profondes et mélancoliques, des prairies riantes arrosées par des ruisseaux limpides, quelques maisons de

---

(1) POLIGNAC (Armand, duc de), fils du duc Jules, né à Paris, le 15 janvier 1771, mort le 1ᵉʳ mars 1847, pair de France sous la Restauration.

paysans bien propres fermaient les différents points de vue de notre tranquille habitation. Oh ! si mon âme eut été en paix, comme elle eut senti le bonheur de ce délicieux séjour, mais de quoi pouvait-elle jouir remplie de trouble et d'amertume. Ce beau pays, ces aspects variés, cette culture si riche, qui annonce le repos et le bonheur du cultivateur, enfin le calme de cette paix qui m'environnait, ne pouvait pénétrer jusqu'à mon cœur, je n'admirais rien, ne sentais rien, que mes peines et celles de mes amis. Je regardais sans voir ; un voile sombre me paraissait envelopper tous les objets qui s'offraient à ma vue. La nature entière avait pris la teinte de mes pensées ; rien ne pouvait m'en distraire, ni diminuer leur amertume. Les jours de mes parents proscrits, leur fortune détruite, leur honneur attaqué, l'éloignement de mes autres amis, l'ingratitude de beaucoup, la scélératesse de plusieurs, voilà ce qui sans cesse occupait mon esprit et déchirait mon âme. Il est cependant des jouissances bien vives, comme je vous l'ai déjà dit, dans cet état de malheur. Pendant les deux mois que nous avons passés en Suisse des scènes d'attendrissement, de bonheur et de peine se sont succédées et renouvelées si souvent que je ne sais pas comment j'ai eu la force de les supporter, comment j'existe encore. Une entre autres des plus touchantes a été l'arrivée de mes deux petits neveux (1), malheureux enfants de huit à neuf ans que leur père avait fait passer par un autre chemin sous des noms inconnus. Ces pauvres petits, en arrivant, se jetèrent au col de leur mère qui, fondant en larmes, s'écria : « Je ne crains plus rien, on ne me les arrachera pas ! » Les deux aînés arrivèrent et joignirent leurs caresses à ceux de leurs frères, jamais, jamais, on ne verra, on ne jouira d'un tableau plus intéressant, père, mère, enfants, mêlant leurs caresses, leurs larmes, oubliant les dangers passés, les peines présentes, et ne jouissant que du bonheur de se trouver réunis. Il régnait sur tous ces visages la même candeur. Celle des père et

(1) La duchesse de Polignac eut trois fils et une fille. Il est assez difficile de donner des renseignements précis sur les dates et lieux de leur naissance et de leur mort. Les biographies se contredisent. Grâce à l'obligeance de M. Gandilhon, secrétaire de la mairie de Saint-Germain-en-Laye, je puis donner la date certaine de la mort du prince Jules de Polignac et assurer que son frère aîné le duc Armand n'est pas mort à Saint-Germain-en-Laye. Le même service m'a été rendu par M. Beaupin, secrétaire de l'état-civil de Fontainebleau, qui m'a très obligeamment donné la date exacte du décès du comte Camille de Polignac, ainsi que le lieu de sa naissance, introuvable dans les biographies. Voici les renseignements que j'ai recueillis sur les quatre enfants de la duchesse de Polignac : 1° Armand, duc de Polignac, n. à Paris le 15 janvier 1771, m. le 1er mars 1847. — 2° Jules, prince de Polignac, le ministre de 1830, n. le 14 mai 1780, m. à Saint-Germain-en-Laye, le 30 mars 1847 à deux heures du matin, rue de Versailles, 19, aujourd'hui rue Alexandre Dumas. — 3° Camille-Henri-Melchior, comte de Polignac, né à Paris le 27 décembre 1781, m. à Fontainebleau le 2 février 1855. — 4° la duchesse de Guiche dont il est parlé p. 17, note 1. Après les recherches faites par M. Fromageot dans les registres de l'état-civil de Versailles, on peut affirmer qu'aucun des enfants de la duchesse de Polignac n'a vu le jour dans cette ville. Il y a de bonnes raisons pour croire que tous les quatre sont nés à Paris.

mère avait passé aux enfants ainsi que leur beauté, rien ne manquait à ce tableau pour le rendre intéressant. Il eut ému le plus barbare de leurs persécuteurs et le poignard eut tombé de la main. Jugez de l'impression qu'il dût faire sur mon âme ? L'esprit ne peut vous la peindre, mais votre cœur la sentira. Je vis arriver quelques jours après plusieurs de mes gens qui, malgré moi, voulurent partager mon sort, quelqu'il fut. Une vieille femme de chambre qui avait été à ma mère, oubliant son âge et ses terreurs en voyage, s'embarqua dans la diligence et vins me joindre. Ah ! ma chère comtesse, de pareils moments rendent bien heureux, une joie bien vive succéda peu après : ce fut l'arrivée de M. le comte d'Artois, le plus malheureux, le plus aimable des princes. Il mérite l'amour et le respect de tout ce qui le connaît. Il vint nous joindre avec plusieurs de nos amis. Se retrouver après tant de peines et d'inquiétudes, de dangers, quels moments ! Il passa un mois avec nous. Ce fut pendant ce temps que je vis réaliser toutes les rencontres inattendues qui rendaient nos anciens romans si intéressants et si peu vraisemblables. Eh bien, j'ai vu quatre princes de la maison de Bourbon, maison possédant trois trônes en Europe, je les ai vus se rencontrer sur le chemin de Berne, fuyant tous quatre leur patrie et la rage de leurs ennemis, sans savoir quelle serait leur fortune et leur existence, mais conservant l'espérance de délivrer leur souverain des fers dont on voulait le charger. Oh ! comme la fortune se joue des mortels !

Le premier octobre je me séparai de ma famille et de mes amis. Les uns partaient pour Rome, les autres pour la France et nous devions tous être réunis au mois de décembre dans cette fameuse ville, autrefois la maîtresse du monde. Mille raisons m'avaient fait préférer de voyager seule. Je vous les ai dites, ma chère comtesse, et vous m'avez approuvée. Je suis donc restée onze jours seule à Berne et le dernier jour, vous le savez si j'ai été heureuse. Je vous attendais depuis longtemps, je vous désirais, j'étais même inquiète de ne pas entendre parler de vous, jugez de l'effet qu'a dû produire votre présence, en vous parlant de mes peines, je les oubliais ou du moins je leur trouvais moins d'amertume. Ce moment plus doux a été de courte durée. C'est ensemble que nous avons appris l'affreuse journée du cinq octobre, jour affreux pour les annales de la nation française. La postérité ne lira qu'avec horreur tous les excès où s'est portée cette nation, toujours citée par son amour pour ses souverains. Elle ne pourra croire que des Français, oubliant tout respect pour la personne sacrée de leur roi, viennent comme des furieux l'arracher de son palais, massacrer ses gardes, le traîner avec sa famille jusque dans la capitale, porter sur des piques les têtes de ces malheureux gardes qui avaient voulu s'opposer à tant de violences. Ceux qui liront l'histoire douteront de ces faits, puisque les témoins mêmes ne peuvent se persuader de la vérité de ce qu'ils voient. Tous les êtres sensés croient rêver. Ils sont convaincus et prêts à douter encore. Remplie de ces noires pensées, ma chère comtesse, il a fallu vous quitter, et je me sentis incapable, pendant les deux jours que je mis à aller de Berne à Lausanne, de faire la moindre remarque. Heureusement, vous la connaissez cette belle route ; nous l'avons déjà faite ensemble. Je vais à présent faire de nouveaux efforts pour éloigner mes tristes idées afin de mieux voir le pays que je vais parcourir et vous en donner une légère esquisse. En partant de Lausanne j'ai traversé le lac de Genève. Le jour était sombre et m'a privé d'admirer le superbe coup d'œil que présente ses bords du côté du pays de Vaud. D'Ouchy à Evian, le passage est de deux heures et demie. Evian est un bourg de la Savoie, qui ne présente à la vue que saleté et pauvreté. Je n'y suis restée qu'un moment pour aller coucher à Thonon, capitale du duché de Chablais. Cette ville est affreuse et je me suis trouvée très heureuse d'en partir, après avoir mal soupé et mal dormi. En approchant de Genève le pays s'embellit ; un grand nombre de maisons de campagne ornent les bords du lac et forment un aspect délicieux, mais l'espace en est court. Après Carouge, dont la moitié est de Genève et l'autre de Savoie, on rentre dans un pays très pauvre. Des vallons étroits, des montagnes incultes, très peu d'habitations, quelques villes très médiocres pour la grandeur, très sales et très pauvres. Tel est le chemin qui conduit à Chambéry. Le seul lieu un peu plus passable, c'est Aix, où l'on vient prendre les eaux. La vallée de Chambéry est assez agréable. La ville est vilaine. Il y a un château qui m'a paru peu propre à recevoir les rois de Sardaigne qui viennent quelquefois y passer la belle saison. Je ne vous parlerai point des habitants de ce pays ; je n'en ai vu aucun, mais j'ai rencontré beaucoup de Français, fuyant, ainsi que moi, leur barbare patrie. Quel changement ! quoi, ce peuple si doux, si gai, en si peu de temps devenu sombre et féroce, se laisse éblouir par le vain mot de Liberté et, pour en jouir, il s'est fait le despote le plus injuste et le plus cruel. Il veut dicter des lois et n'en reconnaît d'autres que sa volonté, sa fantaisie et sa passion.

TROISIÈME LETTRE

Je suis restée plusieurs jours, ma chère comtesse, à Chambéry, pour me défaire d'une fluxion très forte. J'étais bien inquiète de savoir le Roy à Paris. La manière dont il y avait été conduit n'annonçait pas une disposition favorable pour ce malheureux souverain. Les différentes personnes que je voyais arriver redoublaient encore mes inquiétudes. L'archevêque de Paris (1), plusieurs autres députés avaient été obligés de fuir pour

(1) JUIGNÉ (Antoine-Eléonore-Léon LECLERC de), né à Paris le 2 novembre 1728, mort dans la même ville le 19 mars 1811. Il fut nommé archevêque de Paris en 1781. Il employa sa fortune et les revenus de son archevêché à soulager les pauvres pendant l'hiver de 1788 à 1789.

sauver leurs jours. Ils m'apprirent des détails qui me firent présager que nous étions encore éloignés du repos et je quittai ce lieu, pas plus tranquille que j'y étais arrivée.

En quittant Chambéry, la première ville où je me suis arrêtée se nomme Montmélian. C'était une ville fortifiée dont les Français ont détruit les fortifications en 1705. Cette ville est très vilaine, bâtie sur une montagne aride. La rivière, ou plutôt le torrent nommé l'Isère, coule au pied. Il y a un très beau pont. De ce pont on aperçoit le sommet de différentes montagnes de neige, ce qui fait un tableau très pittoresque et forme un coup d'œil superbe, surtout par un beau soleil. De Montmélian au mont Cenis les chemins sont doux, mais il faut toujours monter. Les deux dernières journées sont même très fortes. Mes chevaux m'en ont cependant fort bien tirée. Je n'ai rien vu de plus imposant que cette route qui traverse des montagnes dont la cime est presque inaccessible à la vue. Les unes sont garnies de sapins à feuilles d'un vert sombre, les autres paraissent des rochers amoncelés, si détachés des uns des autres que le voyageur ne peut se défendre d'un moment de crainte en passant sous les énormes roches qui semblent menacer d'une chute prochaine. On entend le bruit des torrents qui roulent avec fracas leurs eaux écumantes au pied de ces hautes montagnes. A chaque pas on rencontre des précipices dont l'œil ne peut mesurer la profondeur. Enfin, tout ce pays ne présente que des aspects imposants. Ce n'est plus cette belle nature, ces vallées riantes de la Suisse qui portent l'âme à des pensées douces et calmes. Ici tout fait admirer la grandeur et la majesté du Créateur de l'univers. La Suisse est le pays de l'amant, du poète et du peintre, les Alpes c'est celui du philosophe et du sage. Tout porte à la méditation, aux réflexions profondes. On admire cette variété immense des ouvrages de la nature. Les habitants de ces montagnes m'ont paru doux, mais pauvres et malpropres. Deux villages seulement doivent être assez riches. Ce sont ceux dont les habitants font traverser le mont Cenis aux voyageurs. Il en coûte assez cher pour ce passage. Il faut démonter la voiture. On la pose sur des brancards qui sont portés par des mulets et soi l'on est porté dans des fauteuils par des hommes. Le jour que je l'ai traversé il faisait un temps superbe. Je n'ai pas eu un moment d'inquiétude. Il arrive cependant quelquefois des accidents, mais ils sont bien rares. Arrivé sur le haut du mont vous trouvez un grand lac qui fournit les meilleures truites que j'aie jamais mangées. J'avais présumé que je trouverais une vue superbe, que je découvrirais

Député aux Etats-Généraux, il vota avec la minorité et, en dépit de sa charité, il devint impopulaire au point que le 24 juin 1789, il ne dut son salut qu'à la vitesse de ses chevaux. Par la suite il adhéra à l'abolition des privilèges et fit célébrer un *Te Deum* à l'occasion de la nuit du 4 août. Il quitta Paris vers la fin de 1790. Il s'établit à Constance où il fonda un séminaire qui dura jusqu'en 1799. (*Dictionnaire historique* de Feller, tome VII).

presque toute l'Italie ; mon espérance a été bien trompée. Je me suis trouvée entourée de montagnes beaucoup plus hautes que celle que je venais de franchir. Elles étaient couvertes de neige. On dit que dans l'été elles le sont de fleurs et de troupeaux. Après avoir fait un très bon repas, avoir causé avec ces bonnes gens qui demeurent sur la montagne et qui ne s'occupent que d'être utiles aux voyageurs, les sauvant quelquefois aux dépens de leurs jours, après avoir comparé leur bonhomie à la barbarie de ceux qui m'obligent à fuir ma patrie, je remontai dans mon fauteuil pour continuer ma route. En descendant du côté du Piémont on trouve une cascade qui mérite l'attention de tous les voyageurs. Je me suis fait poser au milieu de la neige pour l'admirer. On la croirait embellie par l'art ; les rochers sont placés avec goût, l'eau tombe avec force, jaillit, écume, retombe de roche en roche et, lorsqu'elle est éclairée par le soleil, il semble voir tomber une pluie de diamants. A peu de distance de cette cascade on trouve une route assez longue que Victor-Amédée a fait percer dans un rocher afin d'éviter aux voyageurs le passage d'un chemin, quelquefois dangereux dans l'hiver par le débordement de la rivière de Cenise qui, après avoir formé cette belle cascade, devient torrent.

QUATRIÈME LETTRE

Au pied du mont se trouve un village ou bourg, nommé la Novalaise. C'est l'entrée du Piémont. Il faut s'arrêter en ce lieu, pour faire remonter les voitures. Les auberges y sont très médiocres. Le chemin jusqu'à Turin m'a paru peu intéressant. Ce n'est qu'à dix ou douze lieues de cette capitale que les montagnes s'éloignent et font place à des plaines étendues et fertiles. L'aspect de Turin est agréable. Cette ville est très bien et très régulièrement bâtie. Le palais du roi est beau et rempli d'un grand nombre de tableaux des meilleurs peintres. Sans m'y connaitre, il en est qui m'ont fait un grand plaisir et que j'ai admirés longtemps. Mais ce que j'ai revu ici avec joie et douleur c'est M. le comte d'Artois et ses malheureux enfants, trop jeunes (1) encore pour sentir leur position. Oh ! ma chère comtesse, je n'ai pu sans verser des larmes en abondance revoir le frère de mon roi, du souverain le plus puissant de l'Europe, obligé de chercher un asile à la cour du roi son beau-père (2), qui, heureusement, a su apprécier ses qualités et s'est attaché tendrement à lui et à ses aimables enfants, mais sa position, adoucie par le sentiment qu'il a su inspirer, n'en est pas moins remplie d'amertume. Il n'est occupé que des

---

(1) Le duc d'Angoulême avait 14 ans et le duc de Berry 11 ans.

(2) Le comte d'Artois avait épousé, le 16 novembre 1773, Marie-Thérèse de Savoie, troisième fille de Victor-Amédée III, roi de Sardaigne. Une de ses sœurs, Marie-Joséphine-Louise, avait épousé le comte de Provence le 14 mai 1771.

malheurs du roi son frère et des moyens de les faire cesser. Sa conduite lui attire une considération de tout le royaume et l'intérêt de tous les particuliers. Je suis restée huit jours à Turin pour jouir du bonheur de le voir dans ses moments libres. Sa bonté, et j'ose dire son amitié pour moi, les lui ont fait multiplier le plus qu'il lui a été possible. Pendant ce temps j'ai vu arriver grand nombre de Français désertant leur affreux pays, pleins de rage de ne pouvoir le venger et venant se ranger sous les drapeaux du frère de leur roi, sachant que tous ses vœux et ses démarches tendaient à le tirer des mains des scélérats qui l'avaient enchaîné sur son trône. Cet état de convulsion ne peut durer, mais quel en sera le terme ?

CINQUIÈME LETTRE

Je suis partie de Turin avec le projet d'aller à Milan par la route la plus courte. Le passage du Tessin, torrent assez dangereux, me causait quelqu'inquiétude. Comme je voyageais avec mes chevaux et que je n'avais pas de guide j'arrivais sur les bords du Tessin, précisément du côté où l'on ne s'embarquait plus à cause des débordements. Je passai plus d'une heure à chercher le chemin qui conduisait à la barque sans pouvoir le trouver. Nous étions dans des bois presque noyés, où personne ne passait, fatigués de nos recherches et n'ayant plus que très peu de jour et beaucoup de chemin pour retourner au dernier gros bourg, je me décidai à demander aide au premier village ou hameau que j'apercevrais. Effectivement nous en découvrîmes un dans les terres et nous cheminâmes vers lui. Il n'y avait dans ce hameau qu'une maison de moines et un corps de garde de dragons. Les premiers nous refusèrent très inhumainement un gîte, les seconds au contraire nous offrirent tout ce qu'ils avaient en nous assurant cependant que nous serions très mal. Après avoir consulté sur le meilleur parti à prendre, le commandant me proposa de me donner un de ses dragons pour me conduire à une petite ville à deux milles de là où je serais, me dit-il, passablement. Je pris ce dernier parti et j'arrivai à neuf heures du soir dans une ville affreuse, une auberge sale, où l'on nous servit la plus mauvaise soupe que j'aie jamais faite. A six heures du matin je me suis remise en marche pour gagner Pavie. On m'avait dit qu'il ne me fallait que cinq heures et que je passerais le Tessin sur un pont de marbre. Je me décidai bien vite et je partis charmée de voir une ville de plus, célèbre dans notre histoire, mais au lieu de cinq heures pour arriver, j'en ai mis douze. J'ai traversé un pays plat comme toute la Lombardie, mais jolie par le grand (nombre) de petites villes, de villages bien bâtis et très propres, qui rompent la monotonie du pays. Beaucoup de troupeaux meublent les prairies que des arbres entourent. Les chemins sont larges, sablonneux et point soignés. A deux lieues de Pavie les rivières étaient débordées et c'est avec infiniment de peine que je suis arrivée dans cette ville assez grande et bien bâtie. J'y ai trouvé un très bon souper et un assez bon lit. J'ai profité des deux. J'en avais grand besoin ainsi que tous mes compagnons de voyage. Dans un autre temps les événements de la journée auraient porté de la gaieté parmi nous, mais il est à présent bien difficile de se distraire de pensées aussi douloureuses que les nôtres.

SIXIÈME LETTRE

Avant de quitter Pavie j'ai été voir le cabinet d'histoire naturelle dont l'abbé Spallanzani (1) est directeur. Il a toute la modestie et l'obligeance des savants et se fait un grand plaisir de montrer et d'expliquer aux étrangers tout ce qu'il y a de plus curieux dans ce cabinet. Après avoir passé quelques heures à l'entendre j'ai repris le chemin de Milan. Cette route n'a rien de remarquable. C'est toujours la Lombardie. Pays plat coupé par des arbres qui entourent les champs et les prairies. Je ne vous parlerai pas de la ville de Milan. Vous la connaissez. J'y suis restée trois jours et j'ai vu très peu de choses. Un de mes amis qui arrivait de Paris et dont j'étais fort inquiète est venu m'y joindre. Les lettres qu'il m'apportait, les détails qu'il me faisait, me paraissaient beaucoup plus intéressants que toutes les curiosités de la ville. La joie que j'avais de le voir hors d'un lieu que je redoutais, se joignit au plaisir d'apprendre l'arrivée du duc de Guiche. J'ignorais son sort depuis la fatale journée du 5 octobre. Je courus au plus vite à son auberge. Jamais nous n'avions eu autant de plaisir à nous revoir. Le malheur et les dangers rapprochent et souvent font découvrir que le degré d'intérêt que l'on se croit pour quelques personnes est beaucoup plus vif qu'on ne l'avait pensé. Il me raconta des détails effroyables de cette affreuse journée et des précédentes. Est-il possible, est-il croyable que des Français aient passé en si peu de temps de la douceur à la barbarie, qu'ils aient oublié tout ce qu'on doit de respect à son souverain et d'égard à son semblable. Ce ne sont plus des hommes, ce sont des monstres ; mais c'est assez parler d'eux aujourd'hui. J'ai la tête fatiguée, le cœur navré de tout ce que je viens d'entendre. Je vous quitte, ma chère comtesse, pour prendre un peu de repos ; j'en ai besoin.

SEPTIÈME LETTRE

J'en suis restée, ma chère comtesse, à tous les détails affreux que je venais d'entendre de la bouche du duc de Guiche (2), témoin oculaire,

(1) Spallanzani (Lazaro), célèbre anatomiste italien, n. le 12 janvier 1729, m. le 12 février 1799.

(2) Gramont (Antoine-Louis-Marie de), duc de Guiche, né à Paris le 17 août 1755, mort dans cette ville le 28 août 1836. Capitaine aux gardes du corps, gendre de la duchesse de Poli-

acteur dans cette horrible scène, qui, ayant reçu l'ordre de ne point laisser tirer les gardes contre les scélérats, les avait contenus pendant quatre heures, malgré les injures et les coups de fusils dirigés contre eux. Enfin, à neuf heures du soir, l'ordre leur fut donné de se retirer à Rambouillet et peu de jours après de les licencier. Le duc de Guiche partit alors pour venir nous rejoindre et s'est acquis dans cette occasion l'estime générale et surtout celle du corps qu'il avait commandé. Nous nous sommes séparés à Milan ; lui pour aller à Turin rendre son hommage à M. le comte d'Artois, moi pour continuer ma route. A Plaisance, je n'ai trouvé de remarquable que deux chevaux de bronze faits par Jean de Bologne. Ils sont si beaux qu'on oublie presque de parler des deux héros qui les montent : Alexandre et Louis Farnèse.

En arrivant à Parme j'ai eu le cœur serré en voyant la livrée du roi de France et les larmes m'ont gagnée en entendant le tambour et voyant passer une troupe vêtue comme les gardes françaises. M. et Madame de Flavigny, ministre plénipotentiaire du roi en cette cour sont venus me tirer de mes tristes réflexions et m'ont emmenée dîner avec eux. Ce sont les meilleures gens du monde. Ils m'ont fait tant de politesses que je n'ai pu me refuser à rester deux jours avec eux. J'en ai profité pour voir les choses curieuses de la ville. Il y a de très beaux tableaux, un amphithéâtre superbe dont on ne se sert plus depuis de longues années, et beaucoup de très jolies églises.

Ici se termine le fragment du *Journal d'Italie et de Suisse*. Ce début nous fait regretter l'absence de la suite ; elle aurait sûrement apporté quelques détails intéressants sur l'émigration. Puisse cette publication faire retrouver ce qui manque du manuscrit que M. La Caille a bien voulu nous communiquer.

R. BONNET.

---

gnac. Il émigra et servit en Angleterre sous le nom de *capitaine Gramont*. Pair de France sous la Restauration et le gouvernement de juillet. Il est le grand-père du ministre des affaires étrangères de Napoléon III.

Vendôme. — Imprimerie F. Empaytaz.

Original en couleur

NF Z 43-120-8